W0012672

Monika Veidt

Weihnachtliche Dekorationen aus Nudeln

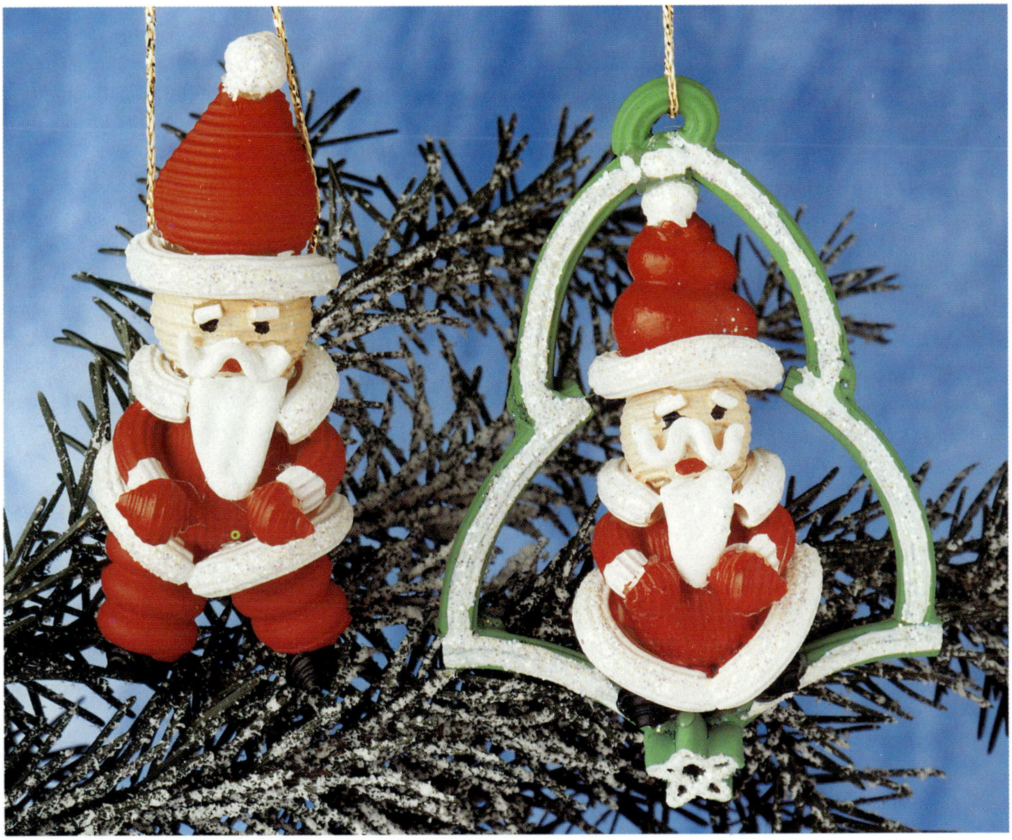

Die Deutsche Bibliothek – CIP-Einheitsaufnahme
Weihnachtliche Dekorationen aus Nudeln / Monika Veidt. – Wiesbaden: Englisch, 1999
ISBN 3-8241-0916-6

© by Englisch Verlag GmbH, Wiesbaden 1999
ISBN 3-8241-0916-6
Alle Rechte vorbehalten.
Nachdruck, auch auszugsweise, verboten.
Fotos: Frank Schuppelius
Herstellung: Michael Feuerer
Printed in Spain

Die Ratschläge in diesem Buch sind von Autorin und Verlag sorgfältig erwogen und geprüft, dennoch kann eine Garantie nicht übernommen werden. Eine Haftung der Autorin bzw. des Verlages und seiner Beauftragten für Personen-, Sach- und Vermögensschäden ist ausgeschlossen. Eine gewerbliche Nutzung der Vorlagen und Abbildungen ist verboten und nur mit ausdrücklicher Genehmigung des Verlages gestattet.

Inhaltsverzeichnis

Vorwort

Makkaroni, Lasagne, Hörnchen, Sterne und Rädchen – Nudeln gibt es fast in jeder gewünschten Form und Größe. Diese Vielfalt und der günstige Preis machen sie besonders für Kinder zu einem idealen Bastelmaterial. Man benötigt lediglich Klebstoff und Plakafarbe, um daraus originelle Dekorationen herzustellen.

Die meisten meiner weihnachtlichen Motive können schnell nachgebastelt werden und auch die mehrteiligen Figuren lassen sich mit ein wenig Übung leicht verwirklichen. Zusätzlich können die meisten Dekorationsvorschläge leicht variiert und kombiniert werden. Eine Materialtafel soll Ihnen einen Überblick über die unterschiedlichen Nudelarten geben und Ihnen zusammen mit den genauen Anleitungen das Nachbasteln erleichtern.

Viel Spaß wünscht Ihnen   *Monika Veidt*

Material und Werkzeug

Zum Nacharbeiten der Motive in diesem Buch benötigen Sie nachfolgendes Material. Außerdem werden nochmals bei den einzelnen Motiven die jeweils erforderlichen Materialien aufgelistet.

- verschiedene Nudeln
- Klebstoff
- Plakafarbe in verschiedenen Farben
- transparenter Decorlack
- Glanzlack in Silber
- Textilglitter in Gold aus der Tube
- Flitter zum Streuen in verschiedenen Farben

- ◆ Bindfaden in Gold und Rot
- ◆ Messer zum Zerteilen der Nudeln
- ◆ Haarpinsel unterschiedlicher Dicke für das Auftragen der Farbe
- ◆ Borstenpinsel für das Auftragen des Lacks

Die Nudeln, die auf der Übersicht zu sehen sind, stellen das Grundmaterial für alle Dekorationsideen dar. Es ist möglich, dass manche Nudelsorten unter einem anderen Namen im Handel geführt werden, in diesem Fall können die Abbildungen helfen, das benötigte Material zu erkennen.

Grundanleitung

Bei einigen Bastelideen ist es erforderlich, die Nudeln zu zerteilen oder in eine bestimmte Form zu schneiden. Dazu benötigen Sie lediglich ein einfaches Küchenmesser und ein wenig Geschick, damit die Nudeln nicht zerbrechen. Diese Arbeit sollte wegen der Schnittgefahr nur von Erwachsenen durchgeführt werden.

Die Mengenangaben bei den Nudeln entsprechen nicht immer der Anzahl der benötigten Nudelteile, weil besonders lange oder große Nudeln häufig geteilt werden.

Es empfiehlt sich besonders am Anfang, immer einige Nudeln mehr bereitzulegen, weil beim Zerteilen die Nudeln zu Bruch gehen können.

Zum Kleben der Nudeln eignet sich eine Heißklebepistole, da dieser Klebstoff schnell aushärtet. Wenn Sie mit Kindern arbeiten, sollten Sie ein Niedertemperatur-Gerät verwenden, damit sich die Kinder nicht verbrennen. Lassen Sie Ihre Kinder damit nie unbeaufsichtigt arbeiten. Wenn Sie die angemalten Nudeln zusätzlich mit Flitter verzieren wollen, sollten Sie ihn aufstreuen, solange die Farbe oder der Lack noch feucht ist, damit er haften bleibt.

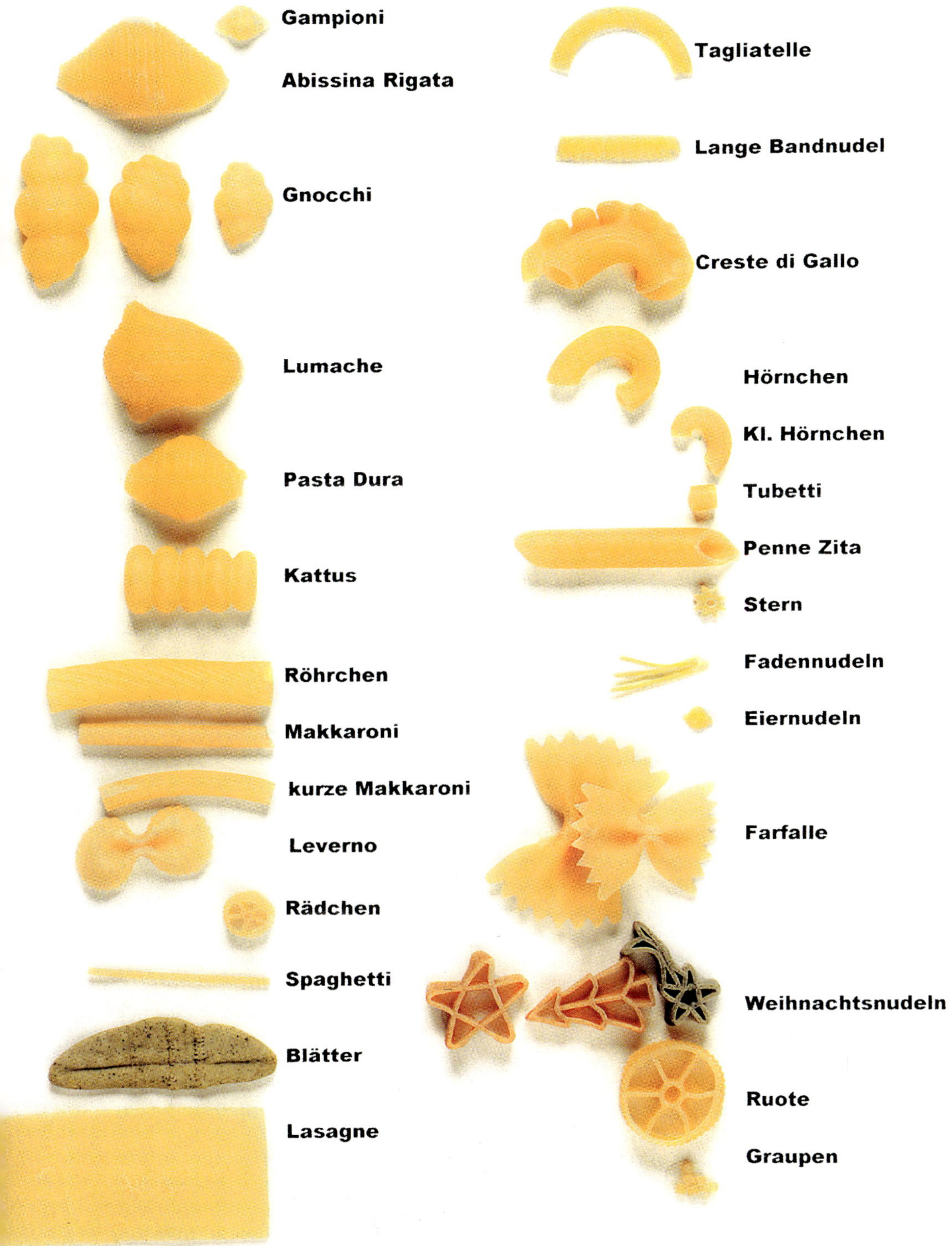

Gampioni

Abissina Rigata

Gnocchi

Tagliatelle

Lange Bandnudel

Creste di Gallo

Lumache

Hörnchen

Kl. Hörnchen

Pasta Dura

Tubetti

Penne Zita

Kattus

Stern

Fadennudeln

Röhrchen

Eiernudeln

Makkaroni

kurze Makkaroni

Leverno

Farfalle

Rädchen

Spaghetti

Weihnachtsnudeln

Blätter

Ruote

Lasagne

Graupen

Sterne

Grüner Christbaumstern

Material
✦ 7 Weihnachtsnudeln „Schweifstern"
✦ 7 Weihnachtsnudeln „Tannenbaum"
✦ Plakafarbe in Grün
✦ Flitter in Silber
✦ Flitter in Weiß

Anleitung
Schneiden Sie von den Tannenbäumen den Stamm und die unteren Äste ab und kleben Sie die übrig gebliebenen Spitzen zu einem Stern zusammen. Entfernen Sie von den Schweifsternen den Schweif und kleben Sie die Sterne auf die Spitzen. Malen Sie den Stern grün an und tragen Sie auf die Sterne silbernen Flitter und auf die Tannenbaumspitzen weißen Flitter auf.

Eiskristallstern

Material
✦ 6 Weihnachtsnudeln „Tannenbaum"
✦ Plakafarbe in Weiß
✦ Flitter in Weiß

Anleitung
Kleben Sie die Tannenbäume an den unteren Astspitzen zusammen, malen Sie sie weiß an und streuen Sie auf die noch feuchte Plakafarbe Flitter auf. Ziehen Sie zum Schluss durch eine Tannenbaumspitze den Aufhängefaden.

Christbaumanhänger in Gold

Material
- 4 Weihnachtsnudeln „Schweifstern"
- 1 Weihnachtsnudel „Tannenbaum"
- Plakafarbe in Gold
- Textilglitter in Gold

Anleitung
Kleben Sie zwei Schweifsterne an ihren Köpfen zusammen. Setzen Sie auf deren Schweife je einen Schweifstern mit seinem Schweif und fixieren Sie als Abschluss einen Tannenbaum auf den zwei Sternen mit Klebstoff. Bemalen Sie den Anhänger mit goldener Plakafarbe und tragen Sie zuletzt den Glitter auf.

Goldenes Sternenoval

Material
- 5 Weihnachtsnudeln „Schweifstern"
- Textilglitter in Gold
- Plakafarbe in Gold

Anleitung
Kleben Sie 4 Schweifsterne zu einem Oval zusammen und befestigen Sie mit Klebstoff einen Schweifstern an der Spitze.
Malen Sie die Schweifsterne mit goldener Plakafarbe an, tragen Sie auf den Sternen Textilglitter auf und ziehen Sie durch den Schweif des obersten Sterns den Aufhängefaden.

Roter Sternanhänger

Material
✦ 1 Weihnachtsnudel „Stern"
✦ 5 Weihnachtsnudeln „Schweifstern"
✦ Plakafarbe in Rot
✦ Textilglitter in Gold

Anleitung
In die Einbuchtungen einer großen Stern-
nudel werden vier Schweifsterne mit ihren
Schweifen geklebt, sodass zwei nach oben
und zwei nach unten weisen.
Zwischen die Schweifsterne, die nach oben
zeigen, wird ein Schweifstern mit seinem
Kopf festgeklebt.
Malen Sie anschließend die Nudeln rot an
und verzieren Sie die Sterne mit Textilglitter.
Durch den Schweif des obersten Sterns wird
der Aufhängefaden gezogen.

Weihnachtsstern in Rot

Material
✦ 6 Weihnachtsnudeln „Tannenbaum"
✦ 6 Weihnachtsnudeln „Schweifstern"
✦ Plakafarbe in Rot
✦ Textilglitter in Gold

Anleitung
Kleben Sie die Tannenbäume an den unteren
Kanten zusammen.
Entfernen Sie von den Schweifsternen den
Schweif und kleben Sie die Sterne auf die
Baumspitzen.
Bemalen Sie zum Schluss den Stern mit roter
Plakafarbe und tragen Sie auf den kleinen
Sternen den Glitter auf.

Winter- und Weihnachtsmotive

Fliegenpilz

Material
- 1 Abissina Rigata
- 1 Röhrchen
- 13 Rädchen
- 13 Sterne
- 1 kleines Hörnchen
- Plakafarbe in Weiß und Rot
- Decorlack
- Flitter in Weiß

- 1 Makkaroni
- 2 Spaghetti
- 5 kurze Makkaroni
- Decorlack
- Plakafarbe in Weiß, Gelb, Grün und Rot
- Textilglitter in Gold
- Flitter in Weiß

Anleitung
Kleben Sie eine etwa um die Hälfte gekürzte Röhrchennudel mit einem Ende in der Höhlung einer Abissina Rigata fest. Befestigen Sie mit Klebstoff in jedem Rädchen einen kleinen Stern und kleben Sie die Rädchen in Form eines Kreises aneinander.

Als Aufhängeöse nehmen Sie ein kleines Hörnchen und kleben es an den Ring. Bemalen Sie den Hut des Pilzes mit roter Plakafarbe und verwenden Sie für den Stiel, die Pilztupfen und den Sternenring weiße Farbe. Nun setzen Sie den Pilz in den Ring und fixieren ihn mit Klebstoff.

Lackieren Sie zum Schluss den Anhänger und streuen Sie weißen Flitter auf den Pilzstiel und den Ring.

Kerzenanhänger

Material
- 1 Kattus
- 2 Gampioni
- 1 Hörnchen
- 1 kleines Hörnchen

Anleitung

Die Kerze besteht aus einer Kattus, der Kerzenständer aus einem Hörnchen, die Flamme aus zwei aneinander geklebten Gampioni. Kleben Sie die Kerze aus diesen Nudeln zusammen. Malen Sie die Kerze rot an, streichen Sie in die Rillen der Kattus goldenen Glitter und bringen Sie auch auf dem Kerzenhalter den Glitter an. Die Flamme wird gelb bemalt. Den Tannenzweig bilden vier Teile einer Makkaroni, die mit kleinen Spaghettistückchen als Tannennadeln beklebt werden. Den Rahmen fertigen Sie aus den kurzen Makkaroni, die Rahmenöse aus einem kleinen Hörnchen. Streichen Sie den zusammengeklebten Rahmen mit weißer Plakafarbe an, lackieren Sie ihn anschließend und kleben Sie den Tannenzweig und die Kerze darauf aufsitzend fest. Nun wird der Zweig grün bemalt und mit weißem Flitter Schnee angedeutet. Führen Sie abschließend den Aufhängefaden durch die Öse.

Kleiner Schneemann

Material

- ◆ 1 Abissina Rigata
- ◆ 1 Lumache
- ◆ 3 Hörnchen
- ◆ 6 Eiernudeln
- ◆ 1 Gnocchi
- ◆ 1 Gampioni
- ◆ 1 Spaghetti
- ◆ 10 Fadennudeln
- ◆ Decorlack
- ◆ Glanzlack in Silber
- ◆ Plakafarbe in Weiß, Rot, Rotbraun und Schwarz
- ◆ Flitter in Bunt
- ◆ Aufhängefaden in Gold

Anleitung

Eine Abissina Rigata dient als Kopf, eine Lumache als Körper. Von der Abissina Rigata wird an dem Ende, mit dem Sie auf der Lumache aufsetzen soll, die Spitze großzügig abgeschnitten.

Dann wird sie am schmaleren Ende der Lumache angeklebt, sodass die Nudelmaserung des Kopfes waagerecht, die des Körpers senkrecht verläuft.

Als Arme verwenden Sie zwei Hörnchen, die Sie an der Lumache ankleben. 2 Eiernudeln werden als Hände an die Enden der Hörnchen angeklebt, 3 Eiernudeln dienen als Knöpfe am Bauch des Schneemanns, eine Eiernudel stellt die Nase dar.

Der Hut wird aus einem Hörnchen als Krempe und aus dem Mittelstück einer großen Gnocchi gebildet. Eine Gampioni wird als Feder an die Hutkrempe geklebt. Fixieren Sie den Hut auf dem Kopf.

Malen Sie den Schneemann mit weißem Decorlack an, verwenden Sie für den Hut, die Augen, den Mund und die Knöpfe schwarze

Plakafarbe. Die Nase und die Feder am Hut werden rot angemalt. Auf dem Hut bringen Sie, so lange die schwarze Farbe noch feucht ist, den bunten Flitter an.

Fertigen Sie nun den Besen aus einer Spaghetti als Stiel und Fadennudeln als Borsten. Der Stiel wird rot, die Borsten braun angemalt.

Legen Sie zuletzt dem Schneemann den Besen in den Arm und kleben Sie ihn fest.

Schneemann im Eiskristallring

Material

wie für den „Kleinen Schneemann" (s. S. 14)
zusätzlich:

- ◆ 18 Rädchen
- ◆ 18 Sternnudeln
- ◆ kleines Hörnchen
- ◆ Flitter in Silber

Anleitung

Als Variante kann der Schneemann, ähnlich
wie der Fliegenpilz, in einen weißen Ring ge-
setzt werden, der aus 18 Rädchen besteht, auf
die kleine Sterne aufgeklebt werden. Ein kleines Hörnchen dient als Aufhängeöse. Verzieren
Sie den Rahmen mit silberfarbenem Flitter.

Schneeflocke

Material
+ 7 Weihnachtsnudeln „Tannenbaum"
+ Plakafarbe in Weiß
+ Decorlack
+ Flitter in Weiß

Anleitung
Kleben Sie die Tannenbaumnudeln an ihren Spitzen zu einer Schneeflocke zusammen, malen Sie sie weiß an und lackieren Sie sie anschließend.

Streuen Sie, solange der Lack noch feucht ist, den Flitter auf. Ziehen Sie abschließend den Aufhängefaden durch den Stamm einer Tannenbaumnudel.

Schäfer mit Schaf

Material
+ 1 Pasta Dura
+ 1 Lumache
+ 3 Hörnchen
+ 1 kleines Hörnchen
+ $1/2$ TL Graupen
+ 1 Leverno
+ 2 mittlere Gnocchi
+ 2 kleine Gnocchi
+ 2 Gampioni
+ 1 Eiernudel
+ 30 lange Bandnudeln
+ 1 Makkaroni
+ 1 Blätternudel
+ Decorlack
+ Plakafarbe in Weiß, Hellgelb, Gelborange, Hellblau, Rot, Hautfarben, Hell-, und Dunkelbraun
+ Textilglitter in Gold
+ Flitter in Weiß

Anleitung
Eine Pasta Dura dient als Kopf, eine Lumache als Körper. Die Pasta Dura wird an dem Ende, mit dem Sie auf der Lumache aufsetzen soll, passgenau zugeschnitten. Dann wird sie am schmalen Ende der Lumache angeklebt, sodass die Nudelmaserung des Kopfes waagerecht, die des Körpers senkrecht verläuft. Als Arme werden zwei Hörnchen verwandt, die eine sichtbare Hand ist eine Eiernudel. Kleben Sie als Haare Graupen an und

befestigen Sie als Bart ein Stück einer Blätternudel. Der Hut besteht aus einem Hörnchen als Krempe und einer halben Leverno als Hutkopf.

Das Unter- und das Obergewand bestehen aus zurechtgeschnittenen und zusammengeklebten Bandnudeln. Der Hirtenstab wird aus einer Makkaroni und einem kleinen Hörnchen gebildet.

Der Kopf des Schafes besteht aus zwei kleinen aneinander geklebten Gnocchi, den Kör-

per bilden zwei mittelgroße, ebenso zusammengeklebte Gnocchi. Als Ohren werden zwei Gampioni verwandt.

Bemalen Sie anschließend den Schäfer und das Schaf der Abbildung entsprechend und lackieren Sie die Figur mit Decorlack. Verzieren Sie den Hirtenstab und den oberen Rand des Untergewandes mit goldenem Textilglitter und das Schaf mit weißem Flitter. Ziehen Sie abschließend durch die Hutkrempe den Aufhängefaden.

Rentier Rudolf

Material

- ✦ 4 große Gnocchi
- ✦ 2 Abissina Rigata
- ✦ 2 Pasta Dura
- ✦ 2 Spaghetti
- ✦ 25 Eiernudeln
- ✦ 1 Gampioni
- ✦ 2 Makkaroni
- ✦ 2 Tubetti
- ✦ Plakafarbe in Gelb, Braun und Rot
- ✦ Decorlack
- ✦ Textilglitter in Gold

Anleitung

Nehmen Sie zwei große Gnocchi, die sich an ihrer offenen Seite zusammenfügen lassen. Kürzen Sie beide hinter ihrer dicksten Stelle und kleben Sie die beiden größeren als Hinterteil des Rentiers an den Längsöffnungen zusammen. Schneiden Sie von zwei weiteren großen Gnocchi nur das dicke Mittelstück heraus und fügen Sie beide Stücke als Bauchpartie an das Hinterteil. Für das Bruststück wird ²/3 einer Abissina Rigata verwandt, für die Schultern brauchen Sie ¹/3 einer Nudel dieser Sorte. Kleben Sie beide Nudelteile so an, dass sie den übrigen Rumpf dicht umschließen. Für den Kopf werden zwei Pasta Dura an ihren Öffnungen zusammengeklebt und anschließend am Rumpf mit Klebstoff befestigt. Das Geweih besteht aus zwei ca. 3,5 cm langen Spaghettistücken, die mit kurzen Spaghettistückchen beklebt werden. Als Ohren werden zwei Eiernudeln verwandt, als Schwänzchen eine Gampioni. Kleben Sie um den Bauch und den Nacken Eiernudeln als Zaumzeug. Die Beine bilden vier ca. 2,5 cm lange Makkaroni. Um das Geschirr zu befestigen, werden 2 Tubetti am Zaumzeug unter dem Hals und seitlich am Bauch befestigt. Mischen Sie die Fellfarbe aus gelber und brauner Plakafarbe und bemalen Sie damit das Rentier. Nun wird das Zaumzeug rot bemalt, das Geweih braun und die Augen in Braun aufgemalt. Zum Schluss wird das Rentier lackiert.

Weihnachtsmänner

Weihnachtsmann

Material
- ✦ 1 Pasta Dura
- ✦ 1 Lumache
- ✦ 2 Kattus
- ✦ 7 Hörnchen
- ✦ 5 Gampioni
- ✦ 1 Abissina Rigata
- ✦ 1 Blätternudel
- ✦ 1 Creste di Gallo
- ✦ 1 Spaghetti
- ✦ Decorlack
- ✦ Plakafarbe in Weiß, Rot, Hautfarben und Schwarz
- ✦ Flitter in Weiß

Anleitung

Der Kopf des Weihnachtsmannes ist eine Pasta Dura, der Körper eine Lumache. Die zugeschnittene Pasta Dura wird am schmaleren Ende der Lumache angeklebt. Als Arme werden zwei Hörnchen verwandt, als Hände zwei Gampioni. Fixieren Sie die Arme an der Lumache mit Klebstoff. Für die Beine verwenden Sie zwei Kattus, die um zwei Glieder gekürzt an die Lumache geklebt werden. Zwei Gampioni dienen als Füße. Die Mütze wird aus einer Abissina Rigata hergestellt, von der eine Spitze abgeschnitten wurde. Mit der gestutzten Seite wird sie am Kopf festgeklebt. Befestigen Sie ein Hörnchen als Krempe zwischen Gesicht und Mütze. Fixieren Sie auf der Mütze als Quaste eine Gampioni mit Klebstoff. Nun werden die Mütze, der Körper, Arme und Beine rot angemalt, die Quaste auf der Mütze, die Krempe und die Ärmel weiß lackiert. Die Schuhe erhalten eine schwarze Bemalung. Malen Sie das Gesicht an und ergänzen Sie mit einem feinen Pinsel Augen und Mund. Fertigen Sie die Augenbrauen aus kurzen Spaghettistückchen, den Schnurrbart aus dem Gekräuselten einer Creste di Gallo und den Vollbart aus der Spitze einer Blätternudel an. Augenbrauen und Bart werden weiß bemalt und angeklebt. Den Kragen und den Jackenabschluss fertigen Sie aus Hörnchennudeln, die ebenfalls weiß bemalt werden. Tragen Sie nun den Decorlack auf. Verzieren Sie die Mützenquaste, die Krempe, den Kragen und die Mantelborte mit weißem Flitter, solange der Lack noch feucht ist. Zum Schluss wird der Aufhängefaden durch die Höhlung der Mützenkrempe gezogen.

Nikolausanhänger

Material
wie für „Weihnachtsmann" (s. oben), jedoch ohne Kattus und Abissina Rigata zusätzlich:
- ✦ 1 große Gnocchi
- ✦ 6 kurze Makkaroni
- ✦ 1 kleines Hörnchen
- ✦ 1 Weihnachtsnudel „Schweifstern"
- ✦ Plakafarbe in Hellgrün
- ✦ Decorlack

Anleitung

Basteln Sie den Weihnachtsmann nach der vorangegangenen Beschreibung, aber ohne Beine und verwenden Sie als Mütze eine halbierte Gnocchi. Den Rahmen in Form eines Christbaumes stellen Sie aus 6 Makkaroni her, die jeweils ca. 4 cm lang sein sollten. Richten Sie sich bei der Höhe Ihres Christbaumrahmens nach der Größe des zuvor gebastelten Weihnachtsmannes.

Kleben Sie zwei Makkaroni an einem Ende zu einem Bogen zusammen. Kleben Sie an die frei gebliebenen Enden zwei weitere Makkaroni, die zusammen einen größeren

Bogen bilden. Als Abschluss kleben Sie zwei Makkaroni an, die sich nach innen krümmen. Befestigen Sie auf der oberen Spitze als Aufhängeöse ein kleines Hörnchen.

An die untere Spitze wird eine Weihnachtsnudel geklebt, bei der zuvor der Schweif entfernt wurde.

Malen Sie den Rahmen mit hellgrüner Plakafarbe an. Tragen Sie auf dem Rahmen und dem Stern weiße Plakafarbe auf, lackieren Sie ihn und streuen Sie auf den feuchten Lack den weißen Flitter. Fügen Sie am Ende Ihren Weihnachtsmann in den Rahmen ein und kleben Sie ihn fest.

Rodelnder Weihnachtsmann

Material

wie für „Weihnachtsmann" (s. S. 19),
zusätzlich:

✦ 2 Hörnchen
✦ 3 Makkaroni
✦ 4 Tubetti
✦ Decorlack

Anleitung

Stellen Sie den Weihnachtsmann wie in der Beschreibung „Weihnachtsmann" (s. S. 19) erklärt her. Lediglich die Beine aus Kattus werden um ein weiteres Glied gekürzt und so angeklebt, dass die Figur sitzt. Vom Schlitten werden zunächst die Kufen hergestellt. Dafür benötigen Sie zwei Hörnchen und eine Makkaroni, von der zwei 4 cm lange Stücke abgeschnitten werden. Kleben Sie die Hörnchen an die Makkaroni.

Die Sitzfläche besteht aus Makkaroni, die in drei 3,5 cm und zwei 3,8 cm lange Stücke zerteilt werden. Kleben Sie die Makkaroniabschnitte so aneinander, dass die zwei längeren Teile außen liegen.

Als Verbindungsstreben zwischen den Kufen und der Sitzfläche dienen vier Tubetti. Befestigen Sie diese mit Klebstoff auf den Kufen und kleben Sie abschließend die Sitzfläche auf. Malen Sie den Schlitten weiß an, lackieren Sie ihn und streuen Sie weißen Flitter auf die Kufen. Zuletzt wird der Weihnachtsmann auf den Schlitten geklebt.

Weihnachtsmann auf Skiern

Material
wie für „Weihnachtsmann" (s. S. 19)
zusätzlich:
- ♦ ½ TL Graupen
- ♦ 2 lange Bandnudeln
- ♦ 1 Spaghetti
- ♦ 2 Rädchen
- ♦ Plakafarbe in Blau

Anleitung
Fertigen Sie den Weihnachtsmann nach der Beschreibung „Weihnachtsmann" (s. S. 19) an. Lediglich die Armhaltung unterscheidet sich vom Grundmodell. Kleben Sie den einen Arm so an, dass er nach unten zeigt, den anderen so, dass er leicht nach oben zeigt. Zudem werden am Mützenrand einige Graupen als Haare angeklebt.

Für die Skier schneiden Sie zwei Bandnudeln auf 5 cm Länge zu. Die Skispitzen bestehen ebenso aus Bandnudelstücken, die rund zugeschnitten und an das eine Ende der Skier geklebt werden.

Die Skistöcke sind zwei ca. 7 cm lange Spaghettistücke, an deren Enden je ein Rädchen festgeklebt wird. Malen Sie die Skier und die Skistöcke blau an und kleben Sie diese am Schneemann fest. (Abbildung auf S. 21)

Santa Claus mit Rentierschlitten

Material
wie für „Weihnachtsmann" (s. S. 19), jedoch 2 Gampioni weniger
zusätzlich:
- ♦ 4 x Material für das „Rentier Rudolf" (s. S. 18)
- ♦ 2 kleine Gnocchi
- ♦ ca. 30 Makkaroni
- ♦ 8 kurze Makkaroni
- ♦ 6 Spaghetti
- ♦ 1 Lasagne
- ♦ 6 Bandnudeln
- ♦ Plakafarbe in Grün
- ♦ Faden in Gold

Anleitung
Stellen Sie den Weihnachtsmann gemäß der Anleitung auf Seite 19 her. Verwenden Sie aber als Füße zwei kleine Gnocchi und bringen Sie die Beine so an, dass die Figur sitzt. Das Rentier wird gemäß der Anleitung „Rentier Rudolf" (S. 18) viermal angefertigt und durch die Ösen am Geschirr ein goldener Faden gezogen.

Die Kufen des Schlittens sind jeweils aus einer ca. 8 cm langen Makkaroni, einer kurzen Makkaroni und einem Hörnchen zusammengeklebt. Zwischen den aufgewundenen Hörnern des Schlittens wird eine Spaghetti als verbindende Strebe angeklebt. Auf den Kufen werden 1 cm lange Makkaronistückchen als Streben mit Klebstoff befestigt, auf denen später die Bodenplatte angebracht wird. Die Bodenplatte des Schlittens besteht aus dreizehn 7 cm langen Makkaroni, die aneinander geklebt werden. Die geschwungenen Seitenteile des Schlittens sind drei kurze Makkaroni. Die offenen Seitenflächen werden mit passgenau zugeschnittenen Bandnudeln ausgefüllt. Die Rückenwand aus Makkaroni wird nach der Befestigung der Seitenteile an der Bodenplatte eingefügt. Der

Kutschbock besteht aus einer Rückenlehne und einer Sitzfläche aus Lasagne und ruht auf etwa 1 cm langen Makkaronistücken.

Der Geschenksack besteht aus einer Lumache, an deren schmalen Seite Eiernudeln kranzförmig angeklebt wurden.

Binden Sie als Sackkordel einen roten Bindfaden zwischen die Eiernudeln und die Lumache. Der Tannenbaum besteht aus Makkaroni, die mit kurzen Spaghettistückchen beklebt werden. Kleben Sie den Sack und den Tannenbaum im Schlitten und den Weihnachtsmann auf dem Kutschbock fest. Bemalen Sie den Schlitten und tragen Sie zuletzt den weißen Flitter auf dem Schlitten, dem Weihnachtsmann und dem Baum auf.

Engelschar

Sternenengel

Material

- ✦ 1 Pasta Dura
- ✦ 1 Lumache
- ✦ 2 Hörnchen
- ✦ 2 Gampioni
- ✦ 1 Abissina Rigata
- ✦ 1 Weihnachtsnudel „Stern"
- ✦ 1 Weihnachtsnudel „Schweifstern"
- ✦ 1 große Farfalle
- ✦ Plakafarbe in Gold
- ✦ Textilglitter in Gold

Anleitung

Bei dem Sternenengel dient eine Pasta Dura als Kopf und eine Lumache als Körper. Die Pasta Dura wird an dem Ende, mit dem Sie auf der Lumache aufsetzen soll, passgenau der Lumache angeklebt, sodass die Nudelmaserung des Kopfes waagerecht, die des Körpers senkrecht verläuft.

Auf dem Kopf wird eine Abissina Rigata als Hut befestigt und auf dem Hut ein Stern, dem der Schweif abgetrennt wurde. Als Arme dienen zwei etwas gestutzte Hörnchen, die an die Lumache geklebt werden. Als Füße werden 2 Gampioni benutzt, als Flügel eine große Farfalle. An die Enden der Arme kleben Sie abschließend einen Weihnachtsnudelstern. Bemalen Sie den Engel mit goldener Plakafarbe und verzieren Sie den Hut, den Stern, die Füße und die Flügelspitzen mit goldenem Textilglitter. Kleben Sie den Aufhängefaden unverknotet mit seinen beiden Enden entlang des Hutes fest.

Engel mit Tannenbaum

Material

- ✦ 1 Pasta Dura
- ✦ 1 Lumache
- ✦ 2 Hörnchen
- ✦ 2 Gampioni
- ✦ 1 Tagliatelle, 1 Spaghetti
- ✦ 1 Abissina Rigata
- ✦ 2 Blätter
- ✦ 1 Weihnachtsnudel „Tannenbaum"
- ✦ Plakafarbe in Gold

Anleitung

Auch bei diesem Engel dient eine Pasta Dura als Kopf, eine Lumache als Körper. Kleben Sie die Pasta Dura am schmaleren Ende der Lumache fest (siehe Anleitung „Sternenengel" S. 24). Zwei Hörnchen werden an der Lumache als Arme festgeklebt. Daran fixieren Sie die Tannenbaumnudel mit Klebstoff. Zwei Gampioni sind die Füße. Die Haare werden aus einer stark zugeschnittenen Abissina Rigata gefertigt und am Kopf mit Klebstoff fixiert. Darauf wird eine etwas gekürzte Tagliatelle als Heiligenschein angebracht. Kleben Sie als Flügel zwei Blätter auf dem Rücken des Engels fest. Malen Sie den Engel mit goldener Plakafarbe an und kleben Sie den Aufhängefaden hinten zwischen den Flügeln fest.

Himmelswächter

Material

wie für „Engel mit Tannenbaum" (s. S. 24),
jedoch ohne Weihnachtsnudel „Tannenbaum"
zusätzlich:

✦ 2 Eiernudeln
✦ 1 Leverno
✦ 1 Makkaroni
✦ Textilglitter in Gold

Anleitung

Fertigen Sie den Engel nach der Anleitung
„Engel mit Tannenbaum" (S. 24) an. Verzieren Sie außerdem das Haar und den unteren
Saum der Lumache mit Glitter. Für die
Kerze in der Lampe benötigen Sie eine stark
gekürzte Makkaroni, die den Stumpf bildet,
und zwei gegeneinander stehende Eiernudeln
als Flamme. Die Gehäuseober- und -unter-
seite der Lampe wird aus einer zerteilten Leverno gearbeitet.

Musizierender Engel

Material
wie für „Engel mit Tannenbaum" (s. S. 24),
jedoch ohne Weihnachtsnudel „Tannenbaum"
zusätzlich:
- ✦ 2 Spaghetti
- ✦ Textilglitter in Gold

Anleitung
Stellen Sie den musizierenden Engel gemäß
der Beschreibung „Engel mit Tannenbaum"
(siehe S. 24) her.
Der Engel hält keinen Tannenbaum, sondern
eine Leier in der Hand, die aus sieben aneinander geklebten Spaghettistückchen besteht. Als Rahmen werden oben und unten
zwei weitere Stückchen Spaghetti geklebt.
Verzieren Sie zuletzt die Leier und das Haar
mit Glitter.

Himmelsbote

Material
wie für „Engel mit Schweifstern" (s. rechts),
jedoch ohne Weihnachtsnudel „Schweifstern"
zusätzlich:
- ✦ 2 Eiernudeln
- ✦ 1 Makkaroni
- ✦ Textilglitter in Gold

Anleitung
Stellen Sie den Himmelsboten wie den „Engel mit Schweifstern" (siehe S. 27) her. Geben Sie ihm statt des Sterns eine Kerze in die
Hände, die aus einer Makkaroni als Stumpf
und einer Flamme aus zwei Eiernudeln besteht.
Verzieren Sie den Heiligenschein zusätzlich
mit Textilglitter.

Engel mit Schweifstern

Material
- ✦ 1 Pasta Dura
- ✦ 1 Lumache
- ✦ 3 Hörnchen
- ✦ 2 Gampioni
- ✦ 2 Blätter
- ✦ 4 Sterne

- ✦ 1 Weihnachtsnudel „Schweifstern"
- ✦ Plakafarbe in Gold

Anleitung

Eine Pasta Dura dient bei diesem Engel als Kopf, eine Lumache als Körper. Kleben Sie die Pasta Dura am schmaleren Ende der Lumache an (siehe Anleitung „Sternenengel" S. 24). Befestigen Sie mit Klebstoff auf dem Kopf ein Hörnchen als Heiligenschein. Auf dem Heiligenschein werden 4 Sternnudeln fixiert. Bringen Sie als Füße zwei Gampioni

an der Lumache an. Die übrig gebliebenen zwei Hörnchen sind die Arme. Schneiden Sie beide etwas zu, sodass die Hörnchenarme den Schweifstern halten können. Kleben Sie nun die Arme und auf sie aufliegend den Schweifstern an.

An der Rückseite Ihrer Figur werden nun noch zwei Blätternudeln angeklebt, die die Flügel bilden. Malen Sie den Engel in Gold an und ziehen Sie abschließend den Aufhängefaden durch das Hörnchen, das den Heiligenschein bildet.

Seraphim

Material

- ◆ 1 Pasta Dura
- ◆ 1 Lumache
- ◆ 2 Hörnchen
- ◆ 2 Eiernudeln
- ◆ 2 Gampioni
- ◆ ½ TL Graupen
- ◆ 1 große Farfalle
- ◆ Plakafarbe in Gold und Weiß
- ◆ Textilglitter in Gold
- ◆ Aufhängefaden

Anleitung

Bei diesem Engel wird ebenfalls eine Pasta Dura als Kopf und eine Lumache als Körper verwandt (siehe Anleitung „Sternenengel" S. 24). Als Arme werden rechts und links am Körper zwei etwas gekürzte Hörnchen geklebt, als Hände dienen zwei Eiernudeln, als Füße verwenden Sie zwei Gampioni. Kleben Sie auf dem Kopf die Graupen als Locken fest und fixieren Sie am Rücken die Farfalle als Flügel.

Der Rahmen in Form einer Glocke besteht aus 5 kurzen Makkaroni. Für den unteren Teil der Glocke kleben Sie zwei Makkaroni so an den Enden zusammen, dass sie sich nach außen wölben, die Seiten der Glocken bilden zwei Nudeln, die sich nach innen biegen. Der obere Abschluss der Glocke besteht aus einer zugeschnittenen Makkaroni, die so angeklebt wird, dass sie sich nach außen wölbt.

Als Aufhängeöse wird oben an der Glocke mit Klebstoff ein Hörnchen befestigt. Malen Sie den Engel mit goldener und den Rahmen mit weißer Plakafarbe an. An den vier Kanten des Glockenrahmens werden vier Sterne angeklebt, von denen vorher der Schweif abgetrennt wurde.

Bringen Sie goldenen Textilglitter auf dem Kopf, den Flügeln, den Füßen und den Sternen an und kleben Sie den Engel an den Flügeln an den Innenseiten des Glockenrahmens fest. Ziehen Sie am Ende den Aufhängefaden durch die Öse.

Goldengel mit Locken

Material

- ◆ 1 Pasta Dura
- ◆ 1 Lumache
- ◆ 2 Hörnchen
- ◆ 3 Eiernudeln
- ◆ ½ TL Graupen
- ◆ 1 Tagliatelle
- ◆ 1 große Farfalle
- ◆ 1 kleine Farfalle
- ◆ 1 Creste di Gallo
- ◆ Plakafarbe in Gold

Anleitung

Auch bei diesem Engel dient eine Pasta Dura als Kopf, eine Lumache als Körper. Die Pasta Dura wird am schmaleren Ende der Lumache angeklebt (siehe Anleitung „Sternenengel" S. 24). Bringen Sie mit Klebstoff auf dem Kopf die Graupen als Engelshaar und darauf eine Tagliatelle als Heiligenschein an.

Kleben Sie rechts und links am Körper die etwas zugeschnittenen Hörnchen als Arme an. An das Ende jedes Armes wird eine Eiernudel als Hand mit Klebstoff angebracht. Zwischen Kopf und Körper kleben Sie eine schmal geschnittene kleine Farfalle als Schleife.

Eine Eiernudel dient als Schleifenknoten. Nun wird der Engel auf seinem Wolkenband platziert, das aus einer Creste di Gallo be-

steht. Auf der Rückseite des Engels wird nun noch eine große Farfalle als Flügel angebracht.

Kleben Sie nach dem Anmalen hinten, zwischen Kopf und Körper, den Faden zum Aufhängen an.

Kränze

Kranz mit Weihnachtsmann

Material

wie für „Weihnachtsmann" (s. S. 19) zusätzlich:

- ✦ 16 kurze Makkaroni, 20 Spaghetti
- ✦ 30 Makkaroni
- ✦ 1 große Farfalle, 2 kleine Farfalle
- ✦ 3 Tagliatelle, 2 große Gnocchi
- ✦ 2 Weihnachtsnudeln „Stern"
- ✦ 1 Gampioni, Graupen
- ✦ Plakafarbe in Grün und Braun
- ✦ Glanzlack in Silber
- ✦ Flitter in Silber

Anleitung

Kleben Sie 9 der kurzen Makkaroni mit einer Länge von ca. 3,5 cm zu einem Kreis von ungefähr 11 cm Durchmesser zusammen. Der Innenkreis wird aus sieben kurzen Makkaroni zusammengeklebt. Als Verbindungsstreben zwischen beiden Ringen dienen neun Spaghettistücke. Stellen Sie das Tannengrün aus Makkaroni her, an die Sie kurze Spaghettistückchen als Tannennadeln kleben. Bemalen Sie die Tannenäste mit grüner Plakafarbe. Malen Sie eine große und zwei kleine Farfalle rot an, verzieren Sie sie mit Glanzlack und streuen Sie Flitter auf den noch feuchten Lack. Dekorieren Sie nun das Tannengrün mit den Farfalle, die als Schleifen dienen, und ergänzen Sie Schleifenbänder aus zerteilten Tagliatelle. Schneiden Sie von den Gnocchi eine Spitze großzügig ab, sodass eine Glocke entsteht, und kleben Sie in die Öffnung eine Gampioni als Glockenklöppel. Lackieren Sie die Glocken und die Weihnachtsnudeln mit silberfarbenem Lack, streuen Sie den Flitter auf und kleben Sie die vier Teile auf das Tannengrün. Stellen Sie den Weihnachtsmann gemäß der Anleitung auf S. 19 her. Verändern Sie lediglich die Armhaltung, sodass er eine Rute aus Spaghetti halten kann. Fixieren Sie ihn zuletzt mit Klebstoff auf dem Kranz.

Adventskranz

Material

- ✦ 19 kurze Makkaroni
- ✦ 10 Gampioni
- ✦ 8 Kattus, 4 Ruote
- ✦ 8 Hörnchen, 8 Farfalle
- ✦ 6 Tagliatelle, 2 große Gnocchi
- ✦ 2 Weihnachtsnudeln „Stern"
- ✦ 4 Pasta Dura
- ✦ 30 Makkaroni, 20 Spaghetti
- ✦ Plakafarbe in Gelb, Grün, Hellrot und Braun
- ✦ Textilglitter in Gold

Anleitung

Der äußere Ring wird aus 11 kurzen Makkaroni zusammengeklebt, der innere aus 8 Makkaroni. Verbinden Sie beide Ringe mit ca. 3 cm langen Spaghetti. Bemalen Sie im Folgenden immer zuerst die Nudeln und tragen Sie den Textilglitter auf, bevor Sie die einzelnen Teile zusammenkleben.

Kleben Sie vier Ruote als Kerzenhalter auf den Kranz. Fügen Sie jeweils zwei Kattus an ihrer Längsöffnung zu einer Kerze zusammen und befestigen Sie diese auf den Kerzenhaltern. Umschließen Sie nun den Kerzenfuß mit zwei Hörnchen, als Flamme fügen Sie zwei Gampioni mit Klebstoff zusammen. Die Tannenzweige werden aus Makkaroni und kleinen Spaghettistückchen hergestellt. Als weitere Dekoration setzen Sie Farfalle als Schleifen auf und stellen aus großen Gnocchi Glocken her, indem die rundere Seite etwas abgeschnitten und als Klöppel eine Gampioni in die Öffnung geklebt wird. Schneiden Sie für die Weihnachtskugeln aus den Pasta Dura das Mittelstück heraus und kleben Sie zuletzt die Sterne auf den Kranz.

 **Bücher für Kreative**

ISBN 3-8241-0773-2
Broschur, 32 Seiten

ISBN 3-8241-0746-5
Broschur, 32 Seiten

ISBN 3-8241-0770-8
Broschur, 32 Seiten

ISBN 3-8241-0840-2
Broschur, 32 S., Vorlageb.

ISBN 3-8241-0920-4
Broschur, 32 Seiten

Lust auf Mehr?

Liebe Leserin, lieber Leser,
natürlich haben wir noch viele andere Bücher im Programm.
Gerne senden wir Ihnen unser Gesamtverzeichnis zu.
Auch auf Ihre Anregungen und Vorschläge sind wir gespannt.
Rufen Sie uns einfach an oder schreiben Sie uns.

Englisch Verlag GmbH
Postfach 2309 · 65013 Wiesbaden
Telefon 06 11/9 42 72-0 · Telefax 06 11/9 42 72 30
E-Mail englisch@englisch-verlag.de
Internet http://www.englisch-verlag.de